BEI GRIN MACHT SICH IHR WISSEN BEZAHLT

Operationalisierung des Konstrukts der Unternehmensreputation

Statistik, Fragebogen, Skalenniveaus, deskriptive und inferenzstatistische Analyse

Sina Heller

Bibliografische Information der Deutschen Nationalbibliothek:

Die Deutsche Nationalbibliothek verzeichnet diese Publikation in der Deutschen Nationalbibliografie; detaillierte bibliografische Daten sind im Internet über http://dnb.d-nb.de abrufbar.

ISBN: 9783346369734
Dieses Buch ist auch als E-Book erhältlich.

© GRIN Publishing GmbH
Nymphenburger Straße 86
80636 München

Druck und Bindung: Books on Demand GmbH, Norderstedt Germany
Gedruckt auf säurefreiem Papier aus verantwortungsvollen Quellen

Das Buch bei GRIN: https://www.grin.com/document/998629

Inhaltsverzeichnis

Abkürzungsverzeichnis

Aufl.	Auflage
bspw.	beispielsweise
bzw.	beziehungsweise
d.h.	das heißt
et al.	und andere
Hrsg.	Herausgeber
SPSS	Statistik-Software von IBM
z. B.	zum Beispiel
Vgl.	Vergleiche

Abbildungsverzeichnis

Tabellenverzeichnis

1. Aufgabe B1

Aufgabenstellung des ersten Teils der Einsendeaufgabe ist die Operationalisierung des Konstrukts Unternehmensreputation sowie die Konzeption eines qualitativen Fragebogens. Eingesetzt werden soll der Fragebogen bei der Vertical Media GmbH, einem Fachverlag für die Digitalwirtschaft. Die Produkte des Medienhauses setzen sich aus dem Online-Magazin Gründerszene, nativen Advertisement (Bannerwerbung und Werbeartikel auf der Internetseite gruenderszene.de), den verschiedenen Eventformaten sowie der Karriereplattform Jobbörse zusammen.

Am Anfang jeder Untersuchung wird ein Forschungsthema festgelegt[1], theoretische Grundlagen exploriert und analysiert.[2] Die Theorie bildet die Ausgangsbasis der Forschung. Aus ihr werden dann einzelne Hypothesen abgeleitet, die den Kern der Forschung bilden.[3] Ziel ist es herauszufinden, wie gut der Ruf der Vertical Media GmbH ist. Die H0-Hypothese lautet: Es besteht kein Zusammenhang zwischen den Dimensionen Verantwortung, Attraktivität, Qualität und Performance und Reputation der Vertical Media GmbH. Dagegen wird die H1-Hypothese wie folgt formuliert: Es besteht ein Zusammenhang zwischen den Dimensionen Verantwortung, Attraktivität, Qualität und Performance und Reputation der Vertical Media GmbH. Die Hypothesen müssen in fassbare Begriffe übersetzt werden. Das Definieren der Begriffe wird als Operationalisierung bezeichnet, was im nächsten Abschnitt erfolgt.[4]

1.1 Operationalisierung des Konstrukts Unternehmensreputation

Grundlage des qualitativen Fragenbogens bildet das von Schwaiger entwickelte Modell zur Messung der Reputation eines Unternehmens. Bei der Operationalisierung des theoretischen Konzepts wird festgelegt, anhand welcher beobachtbarer Variablen bzw. Indikatoren die Ausprägung des theoretischen Konzepts gemessen werden soll.[5] Dafür wird das Konstrukt begrifflich so zerlegt, dass zunächst die Dimensionen herausgearbeitet und dann Indikatoren bzw. Items gebildet werden.[6]

---

[1] Vgl. Bortz/Döring (2016), S. 24.
[2] Vgl. Reinhardt (2015), S. 14.
[3] Vgl. Schäfer (2016), S. 9.
[4] Vgl. Ebd., S. 9.
[5] Vgl. Bortz/Döring (2016), S. 228.
[6] Vgl. Brosius et al. (2016) S. 95.

Schwaiger hat für sein Reputationsmodell die vier Reputationstreiber Verantwortung, Attraktivität, Qualität und Performance identifiziert, dessen Items im Folgenden kurz dargestellt werden.[7] Verantwortungsbewusst erscheint ein Unternehmen, wenn es sich fair gegenüber Wettbewerbern verhält und sich nicht nur am Profit orientiert, sondern gesellschaftliche Verantwortung übernimmt und aufrichtig mit Informationen in der Öffentlichkeit umgeht. Attraktiv ist ein Unternehmen, wenn dieses als Arbeitgeber für potentielle Mitarbeiterinnen und Mitarbeiter in Frage kommt, erfolgreich qualifizierte Mitarbeiterinnen und Mitarbeiter gewinnt und das physische Erscheinungsbild, wie das Bürogebäude, gefällt. Die Qualität spiegelt sich in einer Kundenfokussiertheit, hoher Qualität der Produkte oder Dienstleistungen sowie in einem guten Serviceangebot wider. Des Weiteren sollte das Unternehmen als verlässlicher Partner gegenüber Kunden vertrauenswürdig auftreten und das Preis-Leistungsverhältnis der Produkte oder Dienstleistungen angemessen sein. Zu diesem Reputationstreiber gehört ebenfalls, dass Leistungen respektiert werden und dass das Unternehmen eher als Vorreiter und nicht als Mitläufer fungiert. Die Performance bemisst sich an der wirtschaftlichen Stabilität, die u.a. durch überschaubare Risiken, Wachstumspotenzial, klare Zukunftsvorstellung und einer guten Führung charakterisiert ist.[8]

Neben der Auswahl der Items wird im Zuge der Operationalisierung das Skalenniveau der Variablen festgelegt.[9] Für den Fragebogen wird eine Intervallskala gewählt, da mit dieser verschiedenste Verfahren berechnet werden können.[10] Bei einer Fragebogenkonstruktion sollten möglichst erprobte Einzelitems und Skalen aus der Literatur übernommen werden, denn deren Gütemerkmale (Objektivität, Reliabilität und Validität) sind bereits überprüft worden. Die eigenen Ergebnisse sind dann mit anderen Studien vergleichbar.[11] Daher wurde – wie im Original von Schwaiger – eine siebenstufige Likert-Skala verwendet.[12] Die Merkmale werden hierbei anhand von Aussagen auf Ratingskalen gemäß des Grades der Zustimmung gemessen.[13] Bei der Wahl des Skalenniveaus sollte darauf geachtet werden, dass sie sich für die anschließenden Analysen eignet.[14] Die Likert-

---

[7] Vgl. Schwaiger (2004), S. 67.
[8] Vgl. Ebd., S. 60, Wolf (2019), S. 73.
[9] Vgl. Bortz/Döring (2016), S. 24.
[10] Vgl. Ebd., S. 410.
[11] Vgl. Ebd., S. 407.
[12] Vgl. Schwaiger (2004), S. 56.
[13] Vgl. Bortz/Döring (2016), S. 269.
[14] Vgl. Hümmer (2015), S. 260.

Skala eignet sich besonders, weil sie von den Befragten nicht nur schnell angekreuzt werden kann, sondern auch intervallskalierte Daten liefert, die sich gut auswerten[15] und vergleichen lassen.[16]

Sind Items und Skalenniveau festgelegt, schließt sich die Konzeption des Fragebogens an.

1.2 Konzeption eines qualitativen Fragebogens

Die Grundstruktur eines quantitativen Fragebogens ist immer gleich aufgebaut und besteht aus folgenden Elementen. Der Fragebogentitel gibt mit allgemeinen Oberbegriffen einen Anhaltspunkt zum Thema. Die Fragebogeninstruktion erläutert Zielsetzung und Ablauf der Erhebung. Zudem werden die Kontaktmöglichkeiten der verantwortlichen Person genannt. Darüber hinaus sollen die Befragten zur Teilnahme durch das Hervorheben der Anwendungsrelevanz des Themas motiviert werden. Notwendig sind Verweise auf die Freiwilligkeit und Anonymität. Damit die Befragten gedanklich nicht hin und her springen müssen, wechseln im Verlauf des Fragebogens die Antwortformate nicht. Zwischenüberschriften setzen Frageblöcke voneinander ab.[17] Erst am Ende des Fragebogens werden soziodemografische Daten, wie Geschlecht, Alter etc. erhoben, da zu Beginn die befragten Personen noch nicht ermüdet sind und dieser Zustand für die Fragen wichtig ist.[18] Zum Schluss besteht in einem offenen Antwortfeld die Möglichkeit, Feedback zum Fragebogen zu geben. Der Fragebogen endet mit einem Wort des Dankes.[19]

Thematisch sind die Fragen blockweise sortiert. Die Reihenfolge der Fragen bzgl. der Dimensionen ist von dem ursprünglichen Fragebogen Schwaigers übernommen worden. Um den Einstieg in die Befragung zu erleichtern, beginnt der Fragebogen mit einer Eisbrecherfrage allgemein zum Ruf der Vertical Media GmbH. Anschließend werden leicht und schnell zu beantwortende Fragen zur Qualität gestellt. Erst zum Ende der Befragung erfolgen die schwierigeren Abstrahierungsfragen zur Verantwortung.[20]

---

[15] Vgl. Bortz/Döring (2016), S. 408.
[16] Vgl. Berger-Grabner (2016), S. 194-195.
[17] Vgl. Bortz/Döring (2016), S. 405-406.
[18] Vgl. Berger-Grabner (2016), S. 193.
[19] Vgl. Bortz/Döring (2016), S. 406.
[20] Vgl. Döring/Bortz (2016), S. 406.

Ferner ist der Fragebogen so zu konstruieren, dass er den wissenschaftlichen Gütekriterien der Objektivität, Reliabilität und Validität entspricht.[21] Die Objektivität stellt in standardisierten Fragebögen in der Regel kein Problem dar.[22] In dieser Arbeit wird ein standardisierter Fragebogen eingesetzt, der aus geschlossenen Fragen bzw. Items besteht. Hierbei werden Antwortalternativen vorgegeben, aus denen die Befragten wählen können.[23]

Da möglichst erprobte Einzelitems aus der Literatur übernommen werden sollen,[24] wurden die Items angelehnt an das englischsprachige Original Schwaigers formuliert.[25] Eine Begründung für die Verwendung einer siebenstufigen Skala wurde bereits im vorherigen Abschnitt genannt. Ein weiterer Grund ist, dass eine hohe Anzahl an Antwortkategorien eine hohe Reliabilität ermöglicht, da die Befragten mehr Optionen haben und somit eine feinere Abstufung und genauere Messung möglich ist. Zu viele Abstufungen erhöhen allerdings die kognitiven Anforderungen an die Befragten. Hinsichtlich der optimalen Anzahl wird in der Literatur die Regel „sieben plus/minus zwei" empfohlen. Eine ungerade Anzahl von Antwortkategorien bezieht zwar eine Mitte mit ein, die nicht immer eindeutig interpretiert werden kann, da sie auch von Befragten gewählt werden, die zum Thema keine Meinung haben. Dies kann zu Fehlmessungen führen.[26] Allerdings gibt es auch befragte Personen, die tatsächlich eine neutrale Position gegenüber dem Thema besitzen. Fehlt die Mittelkategorie, nutzen die Befragten entweder zufällig oder systematisch eine andere Antwortkategorie, so dass systematische Fehler entstehen. Um zu verhindern, dass Befragte mit einer neutralen Einstellung zu einer inhaltlich falschen Antwort gezwungen werden, sollte eine Mittelkategorie angeboten werden. Es konnte zudem aufgezeigt werden, dass die Hinzunahme einer Mittelkategorie die Reliabilität und Validität von Skalen erhöht.[27] Um zu vermeiden, dass Befragte ihre Meinungslosigkeit innerhalb der mittleren Kategorie zum Ausdruck bringen, wird vereinzelt die Verwendung der „weiß nicht" Kategorie empfohlen.[28] Auf diese Ausweichoption wird in diesem Fragebogen verzichtet, da davon ausgegangen wird, dass die Befragten mit der Untersuchungsthematik vertraut sind und eventuell diese Antwortkategorie aus Bequemlichkeit nutzen.[29] So wird der

---

[21] Vgl. Döring/Bortz (2016), 405.
[22] Vgl. Franzen (2014), S. 666.
[23] Vgl. Bortz/Döring (2016), S. 408.
[24] Vgl. Ebd., S. 407.
[25] Vgl. Schwaiger (2004), S. 60-61.
[26] Vgl. Franzen (2014), S. 669-670.
[27] Vgl. Bogner/Menold (2015), S. 5.
[28] Vgl. Franzen (2014), S. 670.
[29] Vgl. Hümmer (2015), S. 261.

Problematik der „Missing Data", d.h. fehlende Daten, die das Ergebnis ggf. unbrauchbar machen, weil nicht genügend merkmalsbezogene Informationen vorliegen, entgegengewirkt.[30]

Hinsichtlich der Bezeichnung der Skalenpunkte wird eine Kombination aus einer verbalen und einer numerischen Skala gewählt, um Vorteile von beiden Formaten zu nutzen.[31] Eine numerische Skala stellt Äquidistanz her, wodurch die Skala als quasi-metrisch angesehen werden kann, was für die Analyse eine besondere Rolle spielt.[32] Gewählt wird die Bezeichnung mit positiven numerischen Werten, also von 1 bis 7 anstatt negativer Ziffern (z.B. von -3 bis +3), da Studien gezeigt haben, dass negative Ziffern eher gemieden werden als positive Zahlen. Zudem wird eine gleichmäßigere Abstufung erreicht, wenn unipolare Formulierungen mit positiven Werten kombiniert werden.[33] Eine verbale Skala hat den Vorteil, dass die Skalenpunkte intersubjektiv einheitlicher interpretiert werden, da die Befragten sich nicht vorstellen müssen, was mit den einzelnen Skalenpunkten gemeint ist.[34] Zudem kann aus Übersichtsarbeiten entnommen werden, dass vollverbalisierte Ratingskalen Reliabilität und Validität erhöhen[35] die Tendenz zum extremen Urteil verringern.[36] Verbalisierte Kategorien sollten möglichst gleiche Intervallabstände nahelegen, was bei siebenstufigen Skalen leicht durchführbar ist. Streng genommen handelt es sich bei der Skala, die in dem Fragebogen dieser Arbeit verwendet wird, um eine Ordinalskala, wenn die Skalenabstände nicht gleich sind.[37] Zudem wird eine unipolare Antwortskala mit einer Abstufung von „stimme absolut zu" bis „stimme absolut nicht zu" herangezogen, da Befragte mit einfachen Antwortskalen besser zurechtkommen.[38]

Generell wird bei der Formulierung beachtet, dass lange, unklare Formulierungen, Fremdwörter und doppelte Verneinungen vermieden werden[39] und sich die Items nur auf einen Aspekt beziehen.[40]

Das Layout des Fragebogens muss ansprechend, klar gegliedert und übersichtlich sein. Die Fragen sind durchgehend nummeriert und bei offenen Fragen ausreichend Platz mit

---

[30] Vgl. Brandt/Moosbrugger (2020), S. 110.
[31] Vgl. Ebd., S. 108.
[32] Vgl. Hümmer (2015), S. 261.
[33] Vgl. Franzen (2014), S. 672.
[34] Vgl. Brandt/Moosbrugger (2020), S. 107-108.
[35] Vgl. Bogner/Menold (2015), S. 2.
[36] Vgl. Brandt/Moosbrugger (2020), S. 107-108.
[37] Vgl. Backhaus et al. (2018), S. 12.
[38] Vgl. Franzen (2014), S. 671.
[39] Vgl. Echterhoff et al. (2013), S. 229.
[40] Vgl. Jakob/Renner (2020), S. 48.

Führungslinien zur Verfügung gestellt. Fragen, die sich nur an Teilgruppen richten, können von den anderen Befragten übersprungen werden.[41] Die Bearbeitungszeit sollte zudem 15 bis 20 Minuten nicht überschreiten.[42]

Die Fragen werden mit den dazugehörigen Antworten auf der gleichen Seite abgebildet und einseitig bedruckt, um die Dateneingabe zu vereinfachen.[43] Darüber hinaus wird ein Anschreiben formuliert. Als Schrift wurde Calibri mit der Schriftgröße 12 Punkt für eine bessere Lesbarkeit gewählt.

1.3 Stakeholder

Stakeholder sind Anspruchsgruppen, die von der Nutzung des Untersuchungsgegenstandes betroffen sind sowie Personen, die an der Entwicklung, Umsetzung und Optimierung des Untersuchungsgegenstandes beteiligt sind.[44] Die drei wichtigsten Stakeholder der Vertical Media GmbH sind der Vorstand des Mutterunternehmens, die Beschäftigten der Vertical Media GmbH sowie Kundinnen/Kunden, Partnerinnen/Partner, Sponsorinnen/Sponsoren aus dem Sales- und Event-Bereich.

1.4 Fallauswahl

Die Stichprobe ist eine Auswahl der Grundgesamtheit und sollte für die Repräsentanz die gleichen charakteristischen Eigenschaften wie die Grundmenge aufweisen. So kann von der Stichprobe auf die Grundgesamtheit geschlossen werden.[45] Die Grundgesamtheit besteht aus 3 Vorstandsmitgliedern, 65 Mitarbeiterinnen und Mitarbeitern sowie 400 Kundinnen, Kunden, Partnerinnen, Partner sowie Sponsorinnen und Sponsoren.

Da die Grundgesamtheit aus proportional verschieden aufgeteilten Gruppen besteht, wird eine geschichtete Stichprobe, d.h. per einfacher Zufallsstichprobe Objekte aus jeder speziellen Gruppierung, gezogen.[46] Um eine hohe Repräsentativität zu gewährleisten, werden in der Stichprobe Kundinnen, Kunden, Sponsorinnen, Sponsoren sowie Partnerinnen

---

[41] Vgl. Döring/Bortz (2016), S. 406.
[42] Vgl. Berger-Grabner (2016), S. 193.
[43] Vgl. Ebd., S. 196.
[44] Vgl. Bortz/Döring (2016), S. 983.
[45] Vgl. Berger-Grabner (2016), S. 202.
[46] Vgl. Budischewski (2016), S. 27.

und Partner sowie Mitarbeitende aller Funktionen und auch der Vorstand vertreten sein.[47] Bei Zufallsauswahlen darf bereits bei einem vergleichsweise geringen Stichprobenumfang von n = 30 repräsentative Befunde mit hoher Wahrscheinlichkeit erwartet werden.[48] Die Rücklaufquote kann zwischen 5% und 40% liegen.[49] Die statistische Berechnung des Stichprobenumfangs beträgt bei einem Konfidenzniveau von 95% und einem Stichprobenfehler von 5% eine Stichprobengröße von 212 Personen.[50] Bei einer geschätzten Rücklaufquote von 40%, würde die Anzahl der notwendig zu verschickenden Fragebögen von 530 die Grundgesamtheit von 468 übersteigen, so dass auf die Faustformel von n = 30 zurückgegriffen wird und insgesamt 75 Stichproben gezogen werden.

1.5 Durchführung der quantitativen Befragung

Zunächst wird der Fragebogen einem Pretest unterzogen und bei Bedarf überarbeitet. Ziel eines Pretests ist die Identifikation von Problemen beim Beantworten. Durchgeführt wird der Pretest in qualitativer Art und Weise, in dem der Fragebogen einzeln fünf ausgewählten Personen der Zielpopulation vorgelegt und um Feedback gebeten wird mit dem Ziel, welche Fragen sich gut beantworten lassen, welche schwer verständlich oder unsinnig sind und welche Aspekte vermisst werden.[51] Im Anschluss an die Nachbearbeitung werden die Teilnehmerinnen und Teilnehmer anhand der Personal-, Kunden-, Sponsoren- und Partnerliste zufällig ausgewählt und postalisch mit einem frankierten Rückumschlag angeschrieben.

Nach zwei Wochen wird eine Nachfassaktion durchgeführt, in der für die Kooperation gedankt und bisherige Nicht-Antwortende erneut zur Teilnahme motiviert werden sollen.[52] Nach ca. weiteren vier Wochen werden die eingegangenen Antworten in SPSS statistisch verarbeitet, analysiert und die Ergebnisse in Bezug auf die Frage, welche Einflussfaktoren sich auf die Unternehmensreputation der Vertical Media GmbH auswirken, interpretiert. Anschließend daran erfolgt eine kritische Diskussion der Ergebnisse und Ableitung von Handlungsempfehlungen für die Vertical Media GmbH, die dem Management präsentiert werden.

---

[47] Vgl. Hümmer (2015), S. 258.
[48] Vgl. Schöneck/Voß (2013), S. 71
[49] Vgl. Bortz/Döring (2016), S. 412.
[50] Vgl. Bundesverwaltungsamt (2020).
[51] Vgl. Bortz/Döring (2016), S. 410-411.
[52] Vgl. Ebd., S. 412.

2. Aufgabe B2

Aufgabe des zweiten Teils ist die Beschreibung der vier Skalenniveaus anhand von Beispielen sowie deren Bedeutung für die Auswahl deskriptiver und inferenzstatistischer Verfahren. Zudem wird das Vorgehen bei der Auswahl angemessener inferenzstatistischer Verfahren erläutert und anhand eines Beispiels erklärt.

Je nach Art der Messung können folgende vier Skalenniveaus unterschieden werden. Um so informationshaltiger die Messwerte sind, desto höher ist das Skalenniveau der Messung.[53]

2.1 Nominalskala

Die niedrigste Stufe des Messens stellt das Nominalskalenniveau dar. Hierbei sind die Skalenwerte nicht mit den quantitativen Ausprägungen der Objekteigenschaften verbunden, so dass das Messen eher mit dem Kategorisieren von Objekten gleichzusetzen ist.[54] Typische Beispiele sind Geschlecht (männlich, weiblich), das eine zweifach gestufte bzw. dichotome Variable darstellt, oder der Familienstand (ledig, verheiratet, geschieden, verwitwet), der mehrfach gestuft bzw. polytom ausgestaltet ist. Objekten werden Zahlen zugeordnet, so dass Objekte mit gleicher Merkmalsausprägung gleiche Zahlen und Objekte mit verschiedener Merkmalsausprägung verschiedene Zahlen erhalten,[55] bspw. „ledig" = 1; „verheiratet" = 2; „geschieden" = 3 und „verwitwet" = 4.[56] Gemessen wird hierbei, wie viele Personen die jeweilige Merkmalsausprägung besitzen, um vergleichen zu können, ob bspw. zwei Personen den gleichen oder einen unterschiedlichen Familienstand besitzen.[57] Methoden und Kennwerte sind absolute und relative Häufigkeiten bzw. Prozentwerte[58], der Modus[59], der Kontingenzkoeffizient C, Cramer´s V, die Phi-Korrelation[60] und das Chi-Quadrat-Verfahren.[61]

[53] Vgl. Bortz/Döring (2016), S. 232.
[54] Vgl. Bortz/Schuster (2010), S. 13.
[55] Vgl. Bortz/Döring (2016), S. 237-238.
[56] Vgl. Bortz/Schuster (2010), S. 13.
[57] Vgl. Ebd., S. 13.
[58] Vgl. Ebd., S. 239.
[59] Vgl. Schäfer (2016), S. 52-53.
[60] Vgl. Schöneck/Voß (2013), S. 192.
[61] Vgl. Bortz/Döring (2016), S. 239.

2.2 Ordinalskala

Die Ordinalskala ist die zweitniedrigste Skala, welche die Aussagen der Nominalskala, also das Auszählen, mit einschließt.[62] Da die Untersuchungsobjekte in einer Rangordnung dargestellt werden[63], basiert das Messen von Ordinalskalen auf der Auswertung von Ranginformationen.[64] Beispiele für ordinalskalierte Variablen sind Ränge beim Sportwettkampf.[65] Allerdings treffen die Rangwerte 1., 2., 3. etc. keine Aussagen über die Abstände zwischen den Objekten.[66] Zum Beispiel ist bei Sportlerplatzierungen unklar, „um wie viel besser" (bspw. doppelt so schnell oder nur wenige Sekunden schneller) der Sportler auf dem ersten Platz, als der Sportler auf dem zweiten Platz war. Auch ist unklar, ob der Abstand zwischen den mit den Plätzen 1 und 2 genauso groß ist wie der zwischen den Plätzen 2 und 3.[67] Die Skalenwerten der Ordinalskala zeigen also nur an, welche Person eine höhere Merkmalsausprägung aufweist oder ob zwei Personen eine gleich große Ausprägung haben.[68] Methoden und Kennwerte sind der Modus, der Median[69], der Rangkorrelationskoeffizient von Spearman[70], Kendall´s Tau, Wilcoxon-Test, Mann-Whitney-U-Test[71].

2.3 Intervallskala

Das Charakteristische der Intervallskala sind die gleichgroßen Skalenabschnitte, wie bspw. die Celsius-Skala zur Temperaturmessung. Im Gegensatz zu nominalen oder ordinalen Daten besitzen die Differenzen zwischen den Daten Informationen, wie kleiner oder großer Temperaturunterschied. Häufig werden Ratingskalen, wie in dem Fragebogen dieser Arbeit, unterstellt, sie seien intervallskaliert. Jedoch handelt es sich hierbei solange um eine Ordinalskala, wie die Annahme der gleichen Skalenabstände unbestätigt bleibt.[72] Ein Beispiel für die Intervallskala ist die Messung des Intelligenzquotienten (IQ). Mittels

---

[62] Vgl. von der Assen (2016), S. 150.
[63] Vgl. Backhaus et al. (2018), S. 11.
[64] Vgl. Bortz/Schuster (2010), S. 18.
[65] Vgl. Schäfer (2016), S. 25.
[66] Vgl. Backhaus et al. (2018), S. 11.
[67] Vgl. Schäfer (2016), S. 25.
[68] Vgl. Bortz/Schuster (2010), S. 14.
[69] Vgl. Schäfer (2016), S. 54.
[70] Vgl. Schöneck/Voß (2013), S. 192.
[71] Vgl. von der Assen (2016), S. 96-97.
[72] Vgl. Backhaus et al. (2018), S. 12.

der IQ-Skala kann etwas über die Gleichheit oder Ungleichheit von Differenzen ausgesagt werden. Besitzt eine Person einen IQ von 110 und eine andere Person von 120, dann kann nicht nur bestimmt werden, dass Person 2 intelligenter ist als Person 1, sondern inhaltlich der Unterschied festgemacht werden.[73] Darüber hinaus sind arithmetische Operationen, wie Addition und Subtraktion, gestattet.[74] Wird der IQ von Person 1 von Person 2 abgezogen, dann gibt die Differenz von 10 Auskunft über den absoluten Intelligenzunterschied. Allerdings ist eine Beschreibung über das Verhältnis zweier Messwerte auf diesem Skalenniveau noch nicht möglich. Erst ab Intervallskalenniveau sind Berechnungen von Mittelwerten möglich und sinnvoll interpretierbar.[75] Für intervallskalierte Daten sind u.a. der Modus, der Median, das arithmetische Mittel, die Standardabweichung, die Varianz[76], die Produkt-Moment-Korrelation[77], der t-Test[78] einsetzbar.

2.4 Verhältnisskala

Die Verhältnisskala bildet das höchste Skalenniveau.[79] Mit diesem Skalentyp wird die relative Lage der Messwerte in Bezug auf den Nullpunkt der Skala beschrieben. Beispielsweise kann nicht die Aussage getroffen werden, dass eine Person mit einem IQ von 160 doppelt so intelligent ist wie eine Person mit einem IQ von 80. Grund dafür ist, dass die Intelligenzskala keinen natürlichen Nullpunkt besitzt. Nur bei Skalen mit einem natürlichen Nullpunkt können Verhältnisse von Messwerten angegeben werden, wie bspw. bei Temperatur, Körpergröße, Alter usw. So ist eine dreißigjährige Person doppelt so alt wie eine fünfzehnjährige Person; eine Person mit 3 Stunden Fernsehkonsum pro Tag sieht dreimal so lange fern wie eine Person mit einer Stunde Fernsehkonsum. Es können hierbei also Verhältnisse von 1:2 oder 1:3 angegeben werden.[80] Erlaubt sind alle arithmetischen Operationen, oben genannte statistischen Maße sowie das geometrische Mittel oder der Variationskoeffizient.[81]

---

[73] Vgl. Schäfer (2016), S. 25-26.
[74] Vgl. Backhaus et al. (2018), S. 12.
[75] Vgl. Schäfer (2016), S. 26.
[76] Vgl. Kuhlmei (2018), S. 22.
[77] Vgl. Schöneck/Voß (2013), S. 192.
[78] Vgl. von der Assen (2016), S. 94.
[79] Vgl. Wübbenhorst (2018).
[80] Vgl. Schäfer (2016), S. 26-27.
[81] Vgl. Backhaus et al. (2018), S. 12.

In der unteren Tabelle sind die wichtigsten Eckdaten der Skalenniveaus zusammengefasst.

Skalenniveaus		Mögliche Aussagen	Rechen-operationen	Beispiele	Häufigkeits-verteilungen	Maß der zentralen Tendenz	Streuungsmaße
nicht- metrische Skalen (kategorial)	Nominalskala	Gleichheit, Verschiedenheit	= / ≠	Geschlecht, Krankheits-klassifikation, Familienstand	absolute und relative Häufig-keiten	Modus	
	Ordinalskala	Größer-Klei-ner-Relationen	= / ≠ </>	Ranking von Hochschulen, Tabellenplatz im Sport		Modus, Median	
Metrische Skalen (kardinal)	Intervallskala	Gleichheit oder Ungleichheit von Differenzen	= / ≠ </> +/–	Temperatur, Intelligenz-quotient, Intensität von Einstellungen		Modus, Median, arithmetisches Mittel	Standard-abweichung, Varianz
	Verhältnisskala	Gleichheit oder Ungleichheit von Verhältnissen	= / ≠ </> +/– :/·	Länge, Gewicht, Alter		Modus, Median, arithmetisches Mittel	Standard-abweichung, Varianz

Tabelle 1: Skalenniveaus
...Quelle: Eigene Darstellung in Anlehnung an Bortz/Döring (2016), S. 233,
Backhaus et al. (2018), S. 11, Kuhlmei (2018), S. 22, Schäfer (2016), S. 28.

2.5 Bedeutung der Skalenniveaus bei der Auswahl statistischer Verfahren

Das Skalenniveau bedingt nicht nur den Informationsgehalt der Daten, sondern auch die Anwendbarkeit von Rechenoperationen.[82] Daher sollten sich die Forschenden im Vorfeld der Datenerhebung mit dem Informationsgehalt der Messwerte sowie den statistischen Auswertungsmöglichkeiten auseinandersetzen.[83] Die Unterscheidung der Skalenniveaus ist deswegen so bedeutend, da statistische Auswertungs- und Analyseverfahren mathematische Transformationen der Ausgangsdaten, wie Summenbildungen, Quadrierungen etc. mit sich bringen. Beispielsweise ist für die Berechnung eines arithmetischen Mittels die Summenbildung notwendig. Jedoch ist die Summenbildung nur bei metrischen Daten möglich.[84] Bei der Planung empirischer Untersuchungen sollte im Falle einer Eignung einer Quantifizierung mehrerer Skalenarten, diejenige mit dem höchsten Skalenniveau verwendet werden. Stellt sich im Nachhinein heraus, dass die Daten dem angestrebten Skalenniveau nicht entsprechen, können die Daten auf ein niedrigeres Skalenniveau transformiert werden.[85]

---

[82] Vgl. Backhaus et al. (2018), S. 11.
[83] Vgl. Bortz/Döring (2016), S. 232-233.
[84] Vgl. Schöneck/Voß (2013), S. 61.
[85] Vgl. Bortz/Döring (2016), S. 233.

Um das adäquate inferenzstatistische Verfahren für eine bestimmte Fragestellung bzw. Hypothese auszuwählen, wird zunächst die Anzahl an Variablen (1, 2, > 2), die in der Hypothese enthalten sind, bestimmt. Für jede Variable wird dann das Skalenniveau festgelegt.[86] Eine Besonderheit besteht bei zweistufig nominalskalierten Variablen. Diese dürfen, wenn sie als Prädiktoren und nicht als Kriterium verwendet werden, im Rahmen der statistischen Verfahren wie intervallskalierte Variablen behandelt werden.[87] Zudem wird für jede nominalskalierte Variable die Stufenanzahl bestimmt und entschieden, ob eine Abhängigkeit vorliegt oder nicht vorliegt.[88]

Die beiden folgenden Abbildungen zeigen das Auswahlschema des statistischen Verfahrens bei zwei Variablen und mehr als zwei Variablen an.

Skalenniveau	Stufen-anzahl	Abhängig-keit	Nominalskala 2	Nominalskala ≥ 2	Ordinalskala	Ab Intervallskala
	Stufen-anzahl		2	≥ 2		
		Abhängig-keit	Nein	Nein		
Nominalskala	2	Nein	Vier- Felder Chi-Quadrat-Test (Fisher- Test)	/	U-Test	t-Test für unabhängige Stichproben
		Ja	McNemar-Test	/	Vorzeichen-Test	t-Test für abhängige Stichproben / Wilcoxon-Test
	≥ 2	Nein	/	k*1 Chi-Quadrat-Test / Kontingenz- Koeffizient C / Phi-Korrelation / Cramer´s V	Kruskal-Wallis-Test	Einfaktorielle Varianzanalyse mit unabhängigen Stichproben
		Ja	Cochran Q-Test	/	Friedman-Test	Einfaktorielle Varianzanalyse mit abhängigen Stichproben
Ordinalskala			/	/	Kendall's Tau / Spearman-Rangkorrelation	/
Ab Inter-vallskala			/	/	/	Produkt- Moment-Korrelation / Einfache lineare Regression

Abbildung 1: Auswahlschema des statistischen Verfahrens bei zwei Variablen
Quelle: Eigene Darstellung in Anlehnung an Kuhlmei (2018), S. 68, Budischewski (2016), S. 39

---

[86] Vgl. Kuhlmei (2018), S. 66.
[87] Vgl. Ebd., S. 17.
[88] Vgl. Ebd., S. 67.

> 2 Variablen				
Skalenniveau	**Variablen 2, 3, 4...**	**Nominalskala**		**Ab Intervallskala**
Variable 1	Stufenanzahl	≥ 2		
		Abhängigkeit	Nein	Ja	
	2	Nein	/	/	Diskriminanzanalyse Multivariater t-Test mit unabhängigen Stichproben Binäre logistische Regressionsanalyse
		Ja	/	/	Multivariater t-Test mit abhängigen Stichproben
Nominalskala			/	/	Diskriminanzanalyse
	≥ 2	Nein			Multivariate Varianzanalyse mit unabhängigen Stichproben Logistische Regressionsanalyse
		Ja	/	/	Multivariate Varianzanalyse mit abhängigen Stichproben
Ab Intervallskala			Mehrfaktorielle Varianzanalyse mit unabhängigen Stichproben	Mehrfaktorielle Varianzanalyse mit abhängigen Stichproben	Partialkorrelation Multiple Regressionsanalyse

Abbildung 2: Auswahlschema des statistischen Verfahrens bei mehr als zwei Variablen
...... Quelle: Kuhlmei (2018), S. 69.

Soll bspw. untersucht werden, ob weibliche Studierende disziplinierter sind als männliche Studierende der SRH Fernhochschule, dann könnte die Hypothese aufgestellt werden: Studentinnen sind disziplinierter als Studenten. Die Hypothese enthält zwei Variable – Geschlecht und Disziplin. Bei der Variablen Geschlecht liegen eine Nominalskalierung, zwei Stufen und keine Abhängigkeit vor. Die Variable Disziplin ist intervallskaliert. Nach dem Auswahlschema bei zwei Variablen in Abbildung 1 ist der t-Test für unabhängige Stichproben das inferenzstatistische Verfahren.

Zusammenfassend kann festgehalten werden, dass mit höherem Skalenniveau die Messungen genauer und mehr Eigenschaften der empirischen Objekte zum Ausdruck gebracht werden.[89] Bei der Nominalskala steht das Kategorisieren von Objekten im Mittelpunkt, die Ordinalskala bringt Merkmalsausprägungen in eine Rangfolge, die Intervallskala erfasst Merkmale in gleichgroßen Abschnitten und die Verhältnisskala legt aufgrund des natürlichen Nullpunkts den Fokus auf die Verhältnisse von Messwerten. Je nach Skalenniveau finden verschiedene deskriptive und inferenzstatistische Verfahren Anwendung. Die Erhebung der Daten sollte auf einem möglichst hohen Messniveau erfolgen, da erst ab Intervallskalenniveau viele statistische Kennwerte berechnet bzw. Verfahren eingesetzt werden können.

---

[89] Vgl. Bortz/Schuster (2010), S. 15.

3. Aufgabe B3

Im dritten Abschnitt der Arbeit werden deskriptive und inferenzstatistische Analysen der im Datensatz ZA5634_Arbeitnehmer_kurz.sav4 enthaltenen Stichprobe durchgeführt.

3.1 Deskriptive Analyse der Stichprobe

Im Folgenden werden deskriptiv das Alter und die Geschlechterverteilung der Personen in der Stichprobe beschrieben sowie die Betriebsgrößen- (A207gr), Branchengruppen (bra_gr) und prozentualen Häufigkeiten der Variablen zur Unterweisung (A401A/D/E/F) grafisch dargestellt und erläutert. Ferner werden geeignete Deskriptivstatistiken für die Variablen zu Präventionsmaßnahmen des Betriebs A603A bis A603E angegeben.

3.1.1 Alter- und Geschlechterverteilung

Die 5481 Personen in der Stichprobe sind zwischen 14 und 79 Jahre alt. Das Durchschnittsalter liegt bei 44,17 Jahren und die Standardabweichung bei SD = 10,947. Das heißt, dass die Personen der Stichprobe um die 44 Jahre alt sind plus/minus 11 Jahre. Die meisten Teilnehmenden sind also im Alter zwischen 33 und 55 Jahren.

	N	Minimum	Maximum	Mittelwert	Std.-Abweichung
Alter	5481	14	79	44,17	10,947
Gültige Werte (Listenweise)	5481				

Tabelle 2: Altersverteilung
Quelle: Eigene Darstellung (SPSS).

Die Stichprobe erfasst 2434 Männer und 3062 Frauen, was einem männlichen Anteil von 44,3% und einem weiblichen Anteil von 55,7% entspricht.

		Häufigkeit	Prozent	Gültige Prozente	Kumulierte Prozente
Gültig	Männlich	2434	44,3	44,3	44,3
	Weiblich	3062	55,7	55,7	100,0
	Gesamt	5496	100,0	100,0	

Tabelle 3: Geschlechterverteilung
. Quelle: Eigene Darstellung (SPSS).

3.1.2 Betriebsgrößen- und Branchengruppen

Für die Analyse der Betriebsgrößengruppen (A207gr) wurden die Antwortkategorien 8 („Weiß nicht") und 9 („Keine Angabe") als fehlend definiert. Die Mehrheit der Befragten ist in Unternehmen mit mehr als 250 Angestellten (27,7%) beschäftigt. Am zweithäufigsten wurden Betriebe mit 10 bis 49 Mitarbeitenden (26,8%) angegeben, gefolgt von Unternehmen mit einer Betriebsgrößengruppe von 50 bis 249 Personen (26,1%). Die wenigsten Befragten sind in Betrieben mit 1 bis 9 Angestellten (15,4%) tätig.

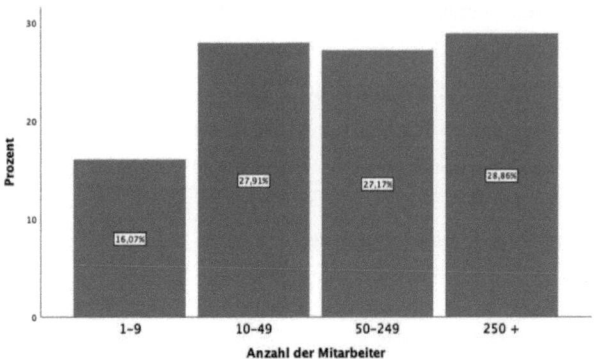

Abbildung 3: Betriebsgrößengruppen (A207gr)
........Quelle: Eigene Darstellung (SPSS).

Hinsichtlich der Analyse der Branchengruppen wurde die Antwortkategorie -1 („nicht eindeutig zuordenbar") als fehlende Antwort definiert, um Probanden unberücksichtigt zu lassen, die keine verwertbaren Informationen zur Mitarbeiteranzahl ihres Betriebes angeben konnten. Eine grobe Aufteilung der Branchengruppen in „Landwirtschaft und Produktion" sowie „Dienstleistung" zeigt, dass der überwiegende Teil der Befragten zu 72,5% in der Dienstleistungsbranche und lediglich 27,5% in der Landwirtschaft und Produktion tätig sind.

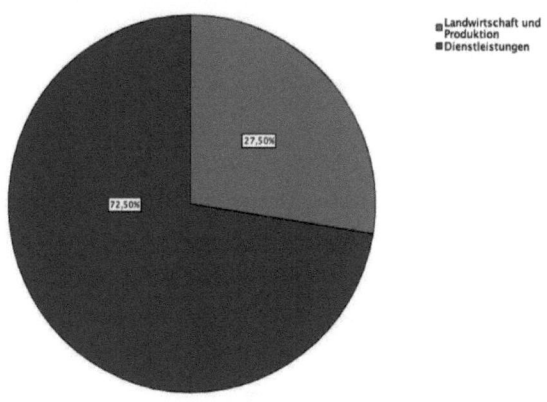

Abbildung 4: Branchengruppen (bra_gr)
...   Quelle: Eigene Darstellung (SPSS).

Detaillierter betrachtet ist die Mehrheit der Befragten in der Branche Verwaltung und Bildung/Erziehung (21,7%) beschäftigt, gefolgt von den Bereichen Produktions-, Investitions- und Gebrauchsgüter (15,97%), Gesundheits- und Sozialwesen (15,13%), Verbrauchsgüter, Handel und Gastgewerbe (12,83%), Kommunikations-, Finanz- und sonstige DL (11,89%), DL überwiegend für Unternehmen (8,83%), Bau, Energie und Abfall (6,36%). Die wenigsten Teilnehmenden sind in den Branchen Verkehr und Lagerei (3,98%) und Landwirtschaft und Nahrungsmittelerzeugung (3,29%) tätig.

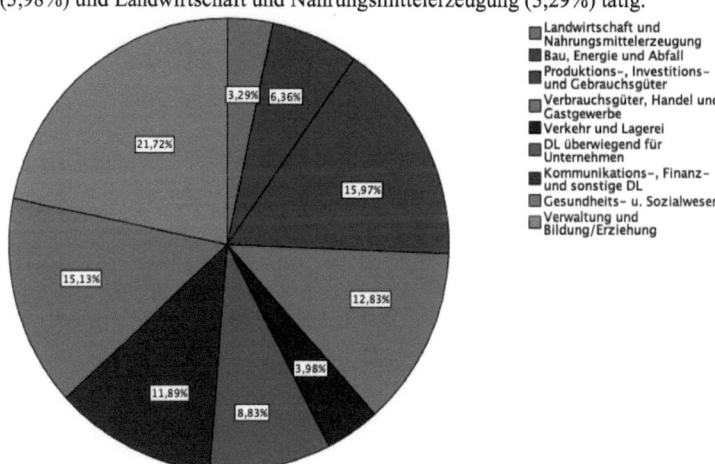

Abbildung 5: Branchengruppen (branche)
...   Quelle: Eigene Darstellung (SPSS).

3.1.3 Häufigkeiten der Unterweisungen

In Bezug auf die Unterweisungen ist der überwiegende Teil der Themen bejaht worden. Insbesondere das Verhalten bei Unfällen oder Notfällen scheint ein wichtiges Thema zu sein, das von den Befragten zu 84,07% bestätigt wurde. Die „Kennzeichnung und Beseitigung von Gefahrenstellen" steht mit 62,63% an zweiter Stelle, gefolgt von der Variablen „Gesundheitszuträgliche Körperhaltungen bei der Arbeit", das knapp über die Hälfte der Teilnehmenden mit 54,61% bejaht haben. Methoden zur Vermeidung von Stress und Belastungen werden lediglich zu 44,48% angeboten.

In den unteren Abbildungen sind die prozentualen Häufigkeiten der Variablen zur Unterweisung (A401A/D/E/F) grafisch dargestellt.

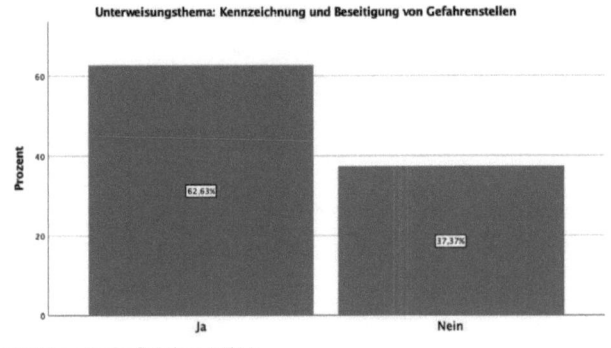

Abbildung 6: Häufigkeiten A401A
..... Quelle: Eigene Darstellung (SPSS).

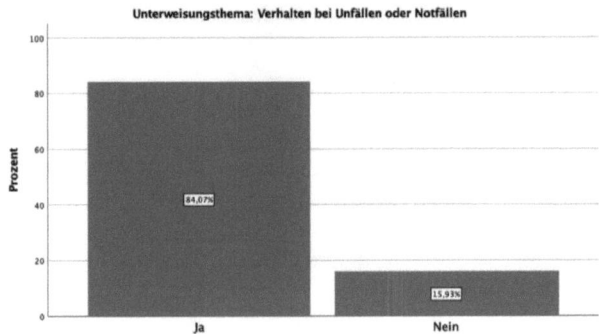

Abbildung 7: Häufigkeiten A401D
..... . Quelle: Eigene Darstellung (SPSS).

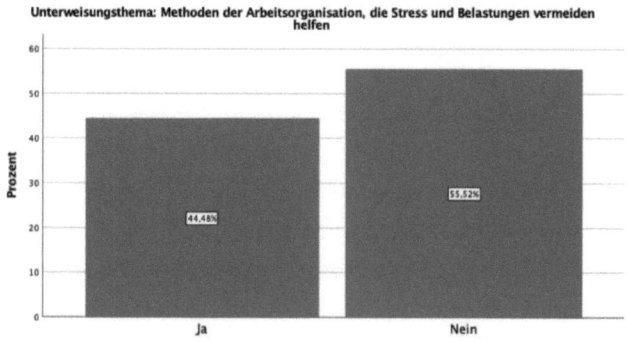

Abbildung 8: Häufigkeiten A401E
    Quelle: Eigene Darstellung (SPSS).

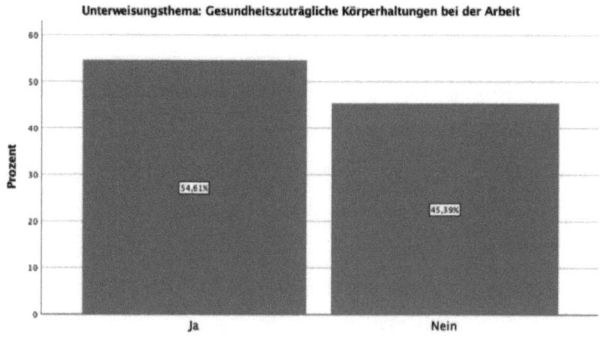

Abbildung 9: Häufigkeiten A401F
    Quelle: Eigene Darstellung (SPSS).

3.1.4 Deskriptivstatistiken der Präventionsmaßnahmen (A603A bis A603E)

Im nächsten Schritt wurden geeignete Deskriptivstatistiken für die Variablen zu Präventionsmaßnahmen des Betriebs A603A bis A603E gewählt. Vor der Analyse wurden die Antwortkategorien 8 („Weiß nicht") und 9 („Keine Angabe") als fehlend bezeichnet. In Bezug auf die Präventionsmaßnahmen sollten die Befragten auf einer Skala von 1 („Trifft voll und ganz zu") bis 4 („Trifft überhaupt nicht zu") bzw. mit einer 7 („Nicht relevant") einschätzen, wie sie die Maßnahmen beurteilen.

Da die Variablen zu Präventionsmaßnahmen des Betriebs ordinalskaliert sind, kann zum einen der Modus und zum anderen der Median berechnet werden. Der Modus – der Wert,

der am häufigsten genannt wurde –[90] liegt bei zwei Maßnahmen bei 2 und bei drei Maßnahmen bei 1. Demnach stimmte die Mehrheit der Befragten zu bzw. voll und ganz zu,
dass die genannten Präventionsmaßnahmen in ihrem Betrieb durchgeführt werden.

Der Median charakterisiert die Mitte der Verteilung und ist der Wert, der die geordnete
Reihe der Merkmalswerte 1 bis 4 halbiert. Beispielsweise zeigt der Median bei der Variablen A603A einen Wert von 2 auf und gibt an, dass die Hälfte der Befragten 1 („Trifft
voll und ganz zu") oder zum Teil 2 („Trifft eher zu"), die andere Hälfte zum Teil 2 („Trifft
eher zu") oder 3 („Trifft eher nicht zu") oder 4 („Trifft überhaupt nicht zu") oder 7 („Nicht
relevant") angekreuzt haben.[91] Der Median liegt bei zwei Präventionsmaßnahmen bei 2
und bei drei Maßnahmen bei 1.

Wird den Abständen zwischen den Ausprägungen 1, 2, 3 und 4 unterstellt, dass sie gleich-
groß sind, können ebenfalls auch das arithmetische Mittel und als Streuungsmaß die Standardabweichung für die Berechnung verwendet werden.[92] Im Durchschnitt haben die Probanden die Antwort „Trifft eher zu" vertreten. Das arithmetische Mittel beträgt bspw. bei
der Maßnahme A603A den Wert 1,77. Auch alle anderen Präventionsmaßnahmen haben
einen hohen Anteil an Zustimmung.

Die Standardabweichung ist das durchschnittliche Maß der Streubreite der Werte eines
Merkmals von dessen arithmetischem Mittel.[93] Zum Beispiel beträgt sie bei der Maßnahme A603A den Wert 0,878. Das bedeutet, dass der Durchschnittswert von 1,77 zwischen 0,892 und 2,648, also zwischen 1 („Trifft voll und ganz zu") und 3 („Trifft eher
nicht zu") liegt. Gleichfalls liegen die Durchschnittswerte der anderen Maßnahmen mit
ihrer Standardabweichung zwischen 1 („Trifft voll und ganz zu") und 3 („Trifft eher nicht
zu").

Insgesamt ist davon auszugehen, dass die Mehrheit der Durchführung der Maßnahmen
zustimmt, wenn auch mit einer sehr leichten Tendenz zur negativeren, also eher nicht
zutreffenden Einschätzung.

---

[90] Vgl. Bourier (2018), S. 68.
[91] Vgl. Schöneck/Voß (2013), S. 123.
[92] Vgl. Schöneck/Voß (2013), S. 126.
[93] Vgl. Eckstein (2019), S. 136.

		Zustimmung: In meinem Betrieb werden Sicherheitsm ängel sofort beseitigt.	Zustimmung: In meinem Betrieb wird viel dafür getan, langfristige gesundheitlic he Belastungen zu minimieren.	Zustimmung: Im Kollegenkreis ist es selbstverstän dlich, dass wir Sicherheitsm ängel melden.	Zustimmung: Innerbetriebli che Regelungen zum Arbeitsschut z sind klar und verständlich formuliert.	Zustimmung: Konsequenz en zu erwarten, wenn Nicht– Einhaltung von Arbeitsschut zvorgaben.
N	Gültig	5420	5397	5457	5378	5250
	Fehlend	76	99	39	118	246
Mittelwert		1,77	2,11	1,49	1,60	1,92
Median		2,00	2,00	1,00	1,00	2,00
Modus		2	2	1	1	1
Std.-Abweichung		,878	,980	,855	,967	1,216

Abbildung 10: Präventionsmaßnahmen A603A bis A603E
Quelle: Eigene Darstellung (SPSS).

3.2 Inferenzstatistische Analyse der Unterweisungen und Branchengruppen

Im folgenden Abschnitt soll inferenzstatistisch untersucht werden, ob sich die Häufigkeiten der Unterweisungen (A401A, A401D, A401E, A401F) zwischen den beiden Branchengruppen Landwirtschaft und Produktion bzw. Dienstleistungen (bra_gr) unterscheiden. Die Antwortkategorien 8 („Weiß nicht") und 9 („Keine Angabe") der Unterweisung und die Antwortkategorie -1 („nicht eindeutig zuordenbar) der Branchengruppen wurden für die Analyse bereinigt.

Um den Zusammenhang von Unterweisung und Branchengruppe zu prüfen, eignet sich der Chi-Quadrat-Test. Dabei ist die Branchengruppe als Einfluss- und der Einsatz von Unterweisungen als Wirkungsgröße einzuordnen. Die H0-Hypothese lautet dazu: Es gibt keinen Zusammenhang zwischen dem Einsatz von Unterweisungen und der Branchengruppe. Die Alternativ-Hypothese H1: Es gibt einen Zusammenhang zwischen dem Einsatz von Unterweisungen und der Branchengruppe. Das Signifikanzniveau beträgt 5% (= 0,05).

Beim Chi-Quadrat wird geprüft, ob ein Unterschied zwischen einer empirisch beobachteten Verteilung und einer bestimmten theoretisch erwarteten Verteilung besteht.[94] Voraussetzung für die Berechnung ist, dass in der Tabelle höchstens 20% aller Zellen eine erwartete Häufigkeit kleiner 5 aufweisen.[95] Diese Bedingung ist in jeder Tabelle gegeben, wie der Fußnote unterhalb der Tabellen zu entnehmen ist.

---

[94] Vgl. UZH (2020).
[95] Vgl. Kuckartz et al. (2013), S. 96-97.

Exemplarisch für alle Unterweisungsthemen wird die Auswertung der Unterweisung zur gesundheitszuträglichen Körperhaltung bei der Arbeit (A401F) aufgezeigt. Für die Prüfung, ob die Abweichung zwischen beobachteten und erwarteten Häufigkeiten signifikant ist, erfolgt ein Vergleich der Teststatistik mit einem kritischen Wert. Der kritische Wert wird aus speziellen Tabellen ermittelt.[96] Aus der SPSS-Tabellenausgabe für die Variable A401F kann der Chi-Quadrat-Prüfwert 4,173 und df = 1 Freiheitsgrad entnommen werden (Abbildung 10). Bei einem Signifikanzniveau von α = 0,05 und df = 1 Freiheitsgrad ergibt sich ein kritischer Wert in Höhe von 3,84146.[97] Ist der Wert des Chi-Quadrat-Prüfwerts höher als der kritische Wert, ist der Unterschied signifikant.[98] Da der Chi-Quadrat-Prüfwert von 4,173 größer ist als der kritischer Wert von 3,84146, wird die H0-Hypothese (Unabhängigkeit bzw. kein Zusammenhang zwischen Einsatz der Unterweisung und Branchengruppe) abgelehnt.[99] Gleiches gilt für die anderen drei Unterweisungsthemen, bei denen die empirischen Prüfwerte deutlich über dem kritischen Wert liegen.

Bei einem Freiheitsgrad (df = 1) muss die Formel der Chi-Quadrat-Berechnung durch die Korrektur von Yates leicht angepasst werden.[100] Dies wird bei 2x2 Tabellen automatisch in SPSS ausgegeben. Hierbei wird von dem Summanden des Chi-Quadrat-Tests 0.5 abgezogen. Somit fällt die Chi-Quadrat-Statistik geringer aus und der Test wird konservativer. Die Korrektur von Yates wird in SPSS Kontinuitätskorrektur genannt.[101] Auch die Kontinuitätskorrektur liegt bei allen Unterweisungsthemen über dem kritischen Wert.

Die Schlussfolgerung, dass ein Zusammenhang besteht, kann ebenfalls durch den Vergleich des Werts der asymptotischen Signifikanz (2- seitig) mit dem Signifikanzniveau α = 0,05 gezogen werden. Die asymptotische Signifikanz beträgt bei der Variablen A401F (Abbildung 10) gemäß des SPSS-Outputs 0,041 (0,041 < 0,05). Die Wahrscheinlichkeit, dass ein solcher Chi-Quadratwert auftritt, wenn H0 zutrifft, liegt knapp unter 5 %. Das Ergebnis ist somit signifikant und H1 wird angenommen.[102] Bei den anderen Unterweisungsthemen liegt jeweils die asymptotische Signifikanz deutlich unter 5 %.

---

[96] Vgl. UZH (2020).
[97] Vgl. Janssen/Laatz (2016), S. 3.
[98] Vgl. UZH (2020).
[99] Vgl. Janssen/Laatz (2016), S. 3.
[100] Vgl. Cor/Ruth (2002), S. 123.
[101] Vgl. UZH (2020).
[102] Vgl. Janssen/Laatz (2016), S. 3.

Somit kann von einem statistischen Zusammenhang zwischen dem Einsatz der Unterweisungsthemen und der Branchengruppe ausgegangen werden, so dass sich die Häufigkeiten des Einsatzes der Unterweisungen zwischen beiden Branchengruppen „Landwirtschaft und Produktion" und „Dienstleistungen" unterscheiden.

Die Kreuztabellen zeigen den größten Unterschied hinsichtlich der „Kennzeichnung und Beseitigung von Gefahrenstellen" (Abbildung 10). Hierbei bejahten 74,5% der Befragten der Branche „Landwirtschaft und Produktion" und 58,1% der Befragten der Branche „Dienstleistungen" diese Unterweisung. Vermutlich kommen in der Branche „Landwirtschaft und Produktion" mehr Maschinen zum Einsatz, die eine solche Unterweisung notwendig machen. In den anderen drei Kreuztabellen zu den Unterweisungen lassen sich nur geringe Unterschiede zwischen den Branchengruppen erkennen. Beispielsweise bejahen das Unterweisungsthema „Verhalten bei Unfällen oder Notfällen" 86,9% der Befragten der Branche „Landwirtschaft und Produktion" und 83,1% der Befragten der Branche „Dienstleistungen" (Abbildung 11).

Unterweisungsthema: Kennzeichnung und Beseitigung von Gefahrenstellen * 2 Branchengruppen Kreuztabelle

| | | | 2 Branchengruppen | | |
			Landwirtschaft und Produktion	Dienstleistungen	Gesamt
Unterweisungsthema: Kennzeichnung und Beseitigung von Gefahrenstellen	Ja	Anzahl	1065	2169	3234
		Erwartete Anzahl	895,1	2338,9	3234,0
		% von 2 Branchengruppen	74,5%	58,1%	62,6%
	Nein	Anzahl	364	1565	1929
		Erwartete Anzahl	533,9	1395,1	1929,0
		% von 2 Branchengruppen	25,5%	41,9%	37,4%
Gesamt		Anzahl	1429	3734	5163
		Erwartete Anzahl	1429,0	3734,0	5163,0
		% von 2 Branchengruppen	100,0%	100,0%	100,0%

Chi-Quadrat-Tests

	Wert	df	Asymptotische Signifikanz (zweiseitig)	Exakte Sig. (zweiseitig)	Exakte Sig. (einseitig)
Pearson-Chi-Quadrat	119,352[a]	1	,000		
Kontinuitätskorrektur[b]	118,651	1	,000		
Likelihood-Quotient	123,874	1	,000		
Exakter Test nach Fisher				,000	,000
Zusammenhang linear-mit-linear	119,329	1	,000		
Anzahl der gültigen Fälle	5163				

a. 0 Zellen (0,0%) haben eine erwartete Häufigkeit kleiner 5. Die minimale erwartete Häufigkeit ist 533,90.

b. Wird nur für eine 2x2-Tabelle berechnet

Abbildung 11: Kreuztabelle und Chi-Quadrat-Test A401A
Quelle: Eigene Darstellung (SPSS).

Unterweisungsthema: Verhalten bei Unfällen oder Notfällen * 2 Branchengruppen Kreuztabelle

			2 Branchengruppen		
			Landwirtschaft und Produktion	Dienstleistungen	Gesamt
Unterweisungsthema: Verhalten bei Unfällen oder Notfällen	Ja	Anzahl	1245	3134	4379
		Erwartete Anzahl	1205,8	3173,2	4379,0
		% von 2 Branchengruppen	86,9%	83,1%	84,1%
	Nein	Anzahl	188	637	825
		Erwartete Anzahl	227,2	597,8	825,0
		% von 2 Branchengruppen	13,1%	16,9%	15,9%
Gesamt		Anzahl	1433	3771	5204
		Erwartete Anzahl	1433,0	3771,0	5204,0
		% von 2 Branchengruppen	100,0%	100,0%	100,0%

Chi-Quadrat-Tests

	Wert	df	Asymptotische Signifikanz (zweiseitig)	Exakte Sig. (zweiseitig)	Exakte Sig. (einseitig)
Pearson-Chi-Quadrat	11,080[a]	1	,001		
Kontinuitätskorrektur[b]	10,799	1	,001		
Likelihood-Quotient	11,440	1	,001		
Exakter Test nach Fisher				,001	,000
Zusammenhang linear-mit-linear	11,077	1	,001		
Anzahl der gültigen Fälle	5204				

a. 0 Zellen (0,0%) haben eine erwartete Häufigkeit kleiner 5. Die minimale erwartete Häufigkeit ist 227,18.

b. Wird nur für eine 2x2-Tabelle berechnet

Abbildung 12: Kreuztabelle und Chi-Quadrat-Test A401D
.. Quelle: Eigene Darstellung (SPSS).

Unterweisungsthema: Methoden der Arbeitsorganisation, die Stress und Belastungen vermeiden helfen * 2 Branchengruppen Kreuztabelle

			2 Branchengruppen		
			Landwirtschaft und Produktion	Dienstleistungen	Gesamt
Unterweisungsthema: Methoden der Arbeitsorganisation, die Stress und Belastungen vermeiden helfen	Ja	Anzahl	591	1709	2300
		Erwartete Anzahl	630,3	1669,7	2300,0
		% von 2 Branchengruppen	41,7%	45,5%	44,5%
	Nein	Anzahl	827	2047	2874
		Erwartete Anzahl	787,7	2086,3	2874,0
		% von 2 Branchengruppen	58,3%	54,5%	55,5%
Gesamt		Anzahl	1418	3756	5174
		Erwartete Anzahl	1418,0	3756,0	5174,0
		% von 2 Branchengruppen	100,0%	100,0%	100,0%

Chi-Quadrat-Tests

	Wert	df	Asymptotische Signifikanz (zweiseitig)	Exakte Sig. (zweiseitig)	Exakte Sig. (einseitig)
Pearson-Chi-Quadrat	6,090[a]	1	,014		
Kontinuitätskorrektur[b]	5,936	1	,015		
Likelihood-Quotient	6,108	1	,013		
Exakter Test nach Fisher				,014	,007
Zusammenhang linear-mit-linear	6,089	1	,014		
Anzahl der gültigen Fälle	5174				

a. 0 Zellen (0,0%) haben eine erwartete Häufigkeit kleiner 5. Die minimale erwartete Häufigkeit ist 630,34.

b. Wird nur für eine 2x2-Tabelle berechnet

Abbildung 13: Kreuztabelle und Chi-Quadrat-Test A401E
..........Quelle: Eigene Darstellung (SPSS).

27

Unterweisungsthema: Gesundheitszuträgliche Körperhaltungen bei der Arbeit * 2 Branchengruppen Kreuztabelle

			2 Branchengruppen		Gesamt
			Landwirtschaft und Produktion	Dienstleistungen	
Unterweisungsthema: Gesundheitszuträgliche Körperhaltungen bei der Arbeit	Ja	Anzahl	809	2017	2826
		Erwartete Anzahl	776,3	2049,7	2826,0
		% von 2 Branchengruppen	56,7%	53,5%	54,4%
	Nein	Anzahl	618	1751	2369
		Erwartete Anzahl	650,7	1718,3	2369,0
		% von 2 Branchengruppen	43,3%	46,5%	45,6%
Gesamt		Anzahl	1427	3768	5195
		Erwartete Anzahl	1427,0	3768,0	5195,0
		% von 2 Branchengruppen	100,0%	100,0%	100,0%

Chi-Quadrat-Tests

	Wert	df	Asymptotische Signifikanz (zweiseitig)	Exakte Sig. (zweiseitig)	Exakte Sig. (einseitig)
Pearson-Chi-Quadrat	4,173[a]	1	,041		
Kontinuitätskorrektur[b]	4,047	1	,044		
Likelihood-Quotient	4,182	1	,041		
Exakter Test nach Fisher				,043	,022
Zusammenhang linear-mit-linear	4,173	1	,041		
Anzahl der gültigen Fälle	5195				

a. 0 Zellen (0,0%) haben eine erwartete Häufigkeit kleiner 5. Die minimale erwartete Häufigkeit ist 650,73.

b. Wird nur für eine 2x2-Tabelle berechnet

Abbildung 14: Kreuztabelle und Chi-Quadrat-Test A401F
... .. Quelle: Eigene Darstellung (SPSS).

3.3 Analyse präventiver Maßnahmen und Betriebsgröße

In der letzten Aufgabe soll evaluiert werden, ob die Anwendung präventiver Maßnahmen (A603A bis A603E) mit zunehmender Größe des Betriebs ansteigt. Hierzu kommt Kruskal-Wallis-H-Test zum Einsatz, mit dem Daten aus unabhängigen Stichproben hinsichtlich ihrer zentralen Tendenz verglichen werden. Voraussetzung ist, dass die Daten mindestens ordinalskaliert sind, mehr als zwei Gruppen (Betriebsgrößengruppen) und unabhängige Stichproben vorliegen.[103] Bei den Variablen der präventiven Maßnahmen und der Betriebsgrößengruppen wurden die nichtverwertbaren Antworten 8 („Weiß nicht") und 9 („Keine Angabe") als fehlend gekennzeichnet, um sie aus der Analyse auszuschließen.

Die H0-Hypothese lautet: Es besteht kein Zusammenhang zwischen der Anwendung präventiver Maßnahmen und der Betriebsgröße. Die H1-Hypothese lautet: Es besteht ein Zusammenhang zwischen der Anwendung präventiver Maßnahmen und der Betriebsgröße. Das Signifikanzniveau beträgt 5% (=0,05).

---

[103] Vgl. Pospeschill/Siegel (2018), S. 78-79.

Die H0-Hypothese ist abzulehnen, da bei allen fünf präventiven Maßnahmen die asymptotische Signifikanz bei 0,000 und somit unter dem Signifikanzniveau von 5% liegt ($p = 0,000 < 0,05$). Somit kann davon ausgegangen werden, dass die fünf Präventionsmaßnahmen unterschiedlich je nach Betriebsgröße angewendet werden.

Allerdings zeigt der Vergleich der Mittelwerte, dass die Anwendungen nicht mit zunehmender Betriebsgröße ansteigen. Abbildung 19 ist zu entnehmen, dass die Mittelwerte bei der präventiven Maßnahme „Konsequenzen zu erwarten, wenn Nicht-Einhaltung von Arbeitsschutzvorgaben" mit steigender Betriebsgröße abnehmen. Bei den anderen Maßnahmen steigen Anwendungen zwar, nehmen dann aber ab einer bestimmten Unternehmensgröße wieder ab (in Abbildung 15 und Abbildung 17 ab einer Mitarbeiteranzahl von über 250 Personen; in Abbildung 16 sinkt die Anzahl bei Unternehmen von 50-249 Angestellten leicht und ab 250 Beschäftigten stark; in Abbildung 18 steigen und sinken die Anwendungen abwechselnd).

Festzuhalten ist, dass ab einer Betriebsgröße von 250 Angestellten bei allen Maßnahmen die Anwendung sinkt.

Ränge

	Anzahl der Mitarbeiter	N	Mittlerer Rang
Zustimmung: In meinem Betrieb werden Sicherheitsmängel sofort beseitigt.	1-9	835	2478,02
	10-49	1459	2590,76
	50-249	1413	2751,00
	250 +	1503	2553,85
	Gesamt	5210	

Teststatistiken[a,b]

	Zustimmung: In meinem Betrieb werden Sicherheitsmängel sofort beseitigt.
Kruskal-Wallis-H	25,376
df	3
Asymp. Sig.	,000

a. Kruskal-Wallis-Test
b. Gruppenvariable: Anzahl der Mitarbeiter

Abbildung 15: Kruskal-Wallis- Test A603A
Quelle: Eigene Darstellung (SPSS).

Ränge

	Anzahl der Mitarbeiter	N	Mittlerer Rang
Zustimmung: In meinem Betrieb wird viel dafür getan, langfristige gesundheitliche Belastungen zu minimieren.	1-9	823	2587,37
	10-49	1453	2741,07
	50-249	1411	2714,91
	250 +	1504	2349,02
	Gesamt	5191	

Teststatistiken[a,b]

	Zustimmung: In meinem Betrieb wird viel dafür getan, langfristige gesundheitliche Belastungen zu minimieren.
Kruskal-Wallis-H	71,028
df	3
Asymp. Sig.	,000

a. Kruskal-Wallis-Test

b. Gruppenvariable: Anzahl der Mitarbeiter

Abbildung 16: Kruskal-Wallis- Test A603B
Quelle: Eigene Darstellung (SPSS).

Ränge

	Anzahl der Mitarbeiter	N	Mittlerer Rang
Zustimmung: Im Kollegenkreis ist es selbstverständlich, dass wir Sicherheitsmängel melden.	1-9	840	2459,28
	10-49	1456	2539,32
	50-249	1426	2728,72
	250 +	1516	2682,55
	Gesamt	5238	

Teststatistiken[a,b]

	Zustimmung: Im Kollegenkreis ist es selbstverständlich, dass wir Sicherheitsmängel melden.
Kruskal-Wallis-H	33,330
df	3
Asymp. Sig.	,000

a. Kruskal-Wallis-Test

b. Gruppenvariable: Anzahl der Mitarbeiter

Abbildung 17: Kruskal-Wallis- Test A603C
Quelle: Eigene Darstellung (SPSS).

Ränge

	Anzahl der Mitarbeiter	N	Mittlerer Rang
Zustimmung: Innerbetriebliche Regelungen zum Arbeitsschutz sind klar und verständlich formuliert.	1-9	823	2644,99
	10-49	1439	2591,88
	50-249	1413	2671,32
	250 +	1492	2460,06
	Gesamt	5167	

Teststatistiken[a,b]

	Zustimmung: Innerbetriebliche Regelungen zum Arbeitsschutz sind klar und verständlich formuliert.
Kruskal-Wallis-H	21,674
df	3
Asymp. Sig.	,000

a. Kruskal-Wallis-Test

b. Gruppenvariable: Anzahl der Mitarbeiter

Abbildung 18: Kruskal-Wallis- Test A603D
Quelle: Eigene Darstellung (SPSS).

Ränge

	Anzahl der Mitarbeiter	N	Mittlerer Rang
Zustimmung: Konsequenzen zu erwarten, wenn Nicht- Einhaltung von Arbeitsschutzvorgaben.	1-9	805	2679,06
	10-49	1401	2559,04
	50-249	1376	2531,66
	250 +	1463	2394,47
	Gesamt	5045	

Teststatistiken[a,b]

	Zustimmung: Konsequenzen zu erwarten, wenn Nicht- Einhaltung von Arbeitsschutzvorgaben.
Kruskal-Wallis-H	25,009
df	3
Asymp. Sig.	,000

a. Kruskal-Wallis-Test

b. Gruppenvariable: Anzahl der Mitarbeiter

Abbildung 19: Kruskal-Wallis- Test A603E
Quelle: Eigene Darstellung (SPSS).

3.4 Zusammenfassung und Fazit

Zusammenfassend kann festgehalten werden, dass die Personen der Stichprobe durch-schnittlich 44,17 Jahre alt sind und zu 44,3% aus männlichen und zu 55,7% aus weibli-chen Teilnehmenden besteht. Die Mehrheit der Befragten ist in Betrieben mit mehr als

250 Beschäftigten (27,7%) angestellt. Der überwiegende Teil der Betriebe ist in der Dienstleistungsbranche (72,5%) tätig.

Allgemein betrachtet werden Unterweisungen überwiegend in den Unternehmen durchgeführt, insbesondere zum „Verhalten bei Unfällen oder Notfällen" (84,07%) erfolgen Instruktionen. Allerdings gibt es in Bezug auf die „Kennzeichnung und Beseitigung von Gefahrenstellen" (62,63%), „Gesundheitszuträgliche Körperhaltungen bei der Arbeit" (54,61%) und „Methoden zur Vermeidung von Stress und Belastungen" (44,48%) noch Aufholbedarf. Gleiches kann bei der genaueren Betrachtung der Anwendungen der Unterweisungen in den beiden Branchen „Landwirtschaft und Produktion" und „Dienstleistungen" festgestellt werden.

Dabei ist die Förderung der Arbeitsschutzkompetenz essentiell, denn je besser Mitarbeitende über Sicherheit und Gesundheit informiert sind, um so eher halten sie sich an Vorschriften.[104]

Des Weiteren konnte die Analyse aufzeigen, dass die Anwendung von Präventionsmaßnahmen bei Großunternehmen ab 250 Mitarbeitenden sinkt. Präventionsmaßnahmen hinsichtlich der Arbeitssicherheit und der Gesundheit zahlen sich jedoch nicht nur für die Betroffenen selbst, sondern auch für das Unternehmen aus, denn Arbeitsunfälle und Krankheiten ziehen teure Ausfallzeiten und Störungen der Betriebsabläufe nach sich.[105]

Es wird deutlich, dass sowohl Unterweisungen als auch Präventionsmaßnahmen noch Entwicklungspotential besitzen. Um in einer Zeit des Fachkräftemangels und einer überalternden Bevölkerung Mitarbeitende zu binden und deren Gesundheit zu erhalten, müssen Unternehmen gleich welcher Branche und Unternehmensgröße mehr ein Augenmerk auf Arbeits- und Gesundheitsschutz legen.

---

[104] Vgl. GDA (2013), S. 10.
[105] Vgl. BGHW (2020).

Fragebogen zur Erhebung der Unternehmensreputation der Vertical Media GmbH

Sehr geehrte Frau {Nachname} / Sehr geehrter Herr {Nachname},

als Studentin der SRH Fernhochschule möchte ich im Rahmen einer Hausarbeit zum Thema „Unternehmensreputation der Vertical Media GmbH" eine Befragung durchführen. Sie sind auf Basis einer repräsentativen Stichprobe ausgewählt worden und ich möchte Sie bitten, mich zu unterstützen. In dieser anonymen Umfrage geht es um die Beurteilung des Rufs der Vertical Media GmbH anhand eines Modells, welches von dem Wirtschaftswissenschaftler Prof. Dr. Manfred Schwaiger entwickelt wurde. Die Ergebnisse sollen genutzt werden, um Handlungsempfehlungen abzuleiten und die Reputation der Vertical Media GmbH zu verbessern.

Die Beantwortung des Fragebogens umfasst ca. **15 Minuten**. Dabei zählt allein Ihre subjektive Meinung, so dass es kein „richtig oder falsch" gibt.

Die Teilnahme ist selbstverständlich **freiwillig**. Ihre Angaben werden **anonym** und **streng vertraulich** behandelt und nicht an Dritte weitergegeben.

Bitte senden Sie den Fragebogen bis zum **15.01.2021** zurück. Ein adressierter und frankierter Rückumschlag ist beigelegt.

Falls Sie Rückfragen oder Anregungen zur Befragung haben, können Sie mich gerne telefonisch unter 0176.61.63.60.05 oder per Email unter XXX kontaktieren.

Für Ihre Unterstützung und Bereitschaft, an der Umfrage teilzunehmen, bedanke ich mich im Voraus sehr herzlich und verbleibe mit den besten Grüßen

Sina Heller

Fragebogen zur Erhebung der Unternehmensreputation der Vertical Media

1) Zunächst allgemein zum Ruf von der Vertical Media GmbH. Bitte schätzen Sie folgende Aussagen auf einer Skala von 1 (stimme absolut zu) bis 7 (stimme absolut nicht zu) ein. Bitte kreuzen Sie eine Antwortmöglichkeit an. Mehrfachantworten sind nicht erlaubt.

	1 stimme absolut zu	2 stimme sehr stark zu	3 stimme teilweise zu	4 stimme teilweise nicht zu	5 stimme eher nicht zu	6 stimme überhaupt nicht zu	7 stimme absolut nicht zu
Nach meiner Meinung hat die VM allgemein einen guten Ruf.	☐	☐	☐	☐	☐	☐	☐

2) Wie schätzen Sie die Vertical Media GmbH (abgekürzt im Folgendem mit VM) hinsichtlich folgender Merkmale auf einer Skala von 1 (stimme absolut zu) bis 7 (stimme absolut nicht zu) ein. Bitte kreuzen Sie eine Antwortmöglichkeit an. Mehrfachantworten sind nicht erlaubt.

		1 stimme absolut zu	2 stimme sehr stark zu	3 stimme teilweise zu	4 stimme teilweise nicht zu	5 stimme eher nicht zu	6 stimme überhaupt nicht zu	7 stimme absolut nicht zu
QUALITÄT (1)								
1	Die von VM angebotenen Produkte sind von hoher Qualität.	☐	☐	☐	☐	☐	☐	☐
2	Das Preis-Leistungs-verhältnis der Produkte von VM halte ich für angemessen.	☐	☐	☐	☐	☐	☐	☐
3	VM bietet ein gutes Serviceangebot.	☐	☐	☐	☐	☐	☐	☐
4	VM stellt Kundenwünsche in den Fokus.	☐	☐	☐	☐	☐	☐	☐

		1 stimme absolut zu	2 stimme sehr stark zu	3 stimme teilweise zu	4 stimme teilweise nicht zu	5 stimme eher nicht zu	6 stimme überhaupt nicht zu	7 stimme absolut nicht zu
QUALITÄT (2)								
5	VM scheint ein verlässlicher Partner ggü. Kunden, Partner und Sponsoren zu sein.	☐	☐	☐	☐	☐	☐	☐
6	VM wird für ihre Leistungen respektiert.	☐	☐	☐	☐	☐	☐	☐
7	Nach meiner Meinung ist VM in der Verlags-branche eher als Vorreiter und weniger als Mitläufer bekannt.	☐	☐	☐	☐	☐	☐	☐
ATTRAKTIVITÄT								
8	Nach meiner Meinung kann VM erfolgreich hoch qualifizierte Mitarbeiterinnen und Mitarbeiter gewinnen.	☐	☐	☐	☐	☐	☐	☐
9	VM ist ein attraktiver Arbeitgeber.	☐	☐	☐	☐	☐	☐	☐
10	Der Internetauftritt von VM gefällt mir.	☐	☐	☐	☐	☐	☐	☐
PERFORMANCE (1)								
11	VM ist ein sehr gut geführtes Unternehmen.	☐	☐	☐	☐	☐	☐	☐
12	VM ist ein wirtschaftlich stabiles Unternehmen.	☐	☐	☐	☐	☐	☐	☐
13	Ich schätze das wirtschaftliche Risiko von VM im Vergleich zum Wettbewerb als gering ein.	☐	☐	☐	☐	☐	☐	☐
14	Ich bin der Auffassung, dass VM Wachstumspotential hat.	☐	☐	☐	☐	☐	☐	☐

		1	2	3	4	5	6	7
		stimme absolut zu	stimme sehr stark zu	stimme teilweise zu	stimme teilweise nicht zu	stimme eher nicht zu	stimme überhaupt nicht zu	stimme absolut nicht zu

PERFORMANCE (2)

		1	2	3	4	5	6	7
15	VM hat eine klare Vision für die Zukunft des eigenen Unternehmens.	☐	☐	☐	☐	☐	☐	☐

VERANTWORTUNG

		1	2	3	4	5	6	7
16	Ich habe den Eindruck, dass sich VM fair ggü. Wettbewerbern verhält.	☐	☐	☐	☐	☐	☐	☐
17	Ich habe das Gefühl, dass sich VM nicht nur um den Profit sorgt.	☐	☐	☐	☐	☐	☐	☐
18	VM verhält sich gesellschaftlich verantwortlich.	☐	☐	☐	☐	☐	☐	☐
19	VM engagiert sich für den Erhalt der Umwelt.	☐	☐	☐	☐	☐	☐	☐
20	Ich habe den Eindruck, dass VM die Öffentlichkeit aufrichtig informiert.	☐	☐	☐	☐	☐	☐	☐

) Sie sind.... Bitte kreuzen Sie das Zutreffende an.

MÄNNLICH	WEIBLICH	DIVERS
☐	☐	☐

) Wie alt sind Sie? Bitte kreuzen Sie das Zutreffende an.

< 20 JAHRE	21 BIS 30 JAHRE	31 BIS 40 JAHRE	41 BIS 50 JAHRE	> 50 JAHRE
☐	☐	☐	☐	☐

5) In welchem Verhältnis stehen Sie zur Vertical Media GmbH? Bitte kreuzen Sie das Zutreffende an. Mehrfachantworten sind möglich.

MITARBEITERIN/ MITARBEITER	KUNDIN/ KUNDE	SPONSORIN/ SPONSOR	PARTNERIN/ PARTNER	VORSTAND
☐	☐	☐	☐	☐

6) Wenn Sie Mitarbeiterin oder Mitarbeiter sind, in welchem Unternehmensbereich sind Sie tätig?

HR/FINANCE	REDAKTION	JOBBÖRSE	SALES/ MARKETING	EVENTS
☐	☐	☐	☐	☐

7) Wenn Sie Kundin/Kunde, Sponsorin/Sponsor oder Partnerin/Partner sind, mit welchem Unternehmensbereich arbeiten Sie zusammen?

JOBBÖRSE	SALES/ MARKETING	EVENTS
☐	☐	☐

8) Abschluss

Haben Sie Anmerkungen zu diesem Fragebogen?

_____ _____ _____ _____

_____ _____ _____ _____

_____ _____ _____ _____

_____ _____ _____ _____

_____ _____ _____ _____

_____ _____ _____ _____

VIELEN DANK FÜR IHRE UNTERSTÜTZUNG!

Literaturverzeichnis

Backhaus, K./Erichson, B./Plinke, W./Weiber, R. (2018), Multivariate Analysemethoden, 15. Aufl., Berlin, Heidelberg.

Berger-Grabner, D. (2016), Wissenschaftliches Arbeiten in den Wirtschafts- und Sozialwissenschaften, 3. Aufl., Wiesbaden.

BGHW (2020), Unternehmerpflichten im Arbeitsschutz, https://www.bghw.de/unternehmer/unternehmerpflichten, abgerufen am 29.12.2020.

Bogner, K./Menold, N. (2015), Gestaltung von Ratingskalen in Fragebögen, https://www.gesis.org/fileadmin/upload/SDMwiki/Archiv/Ratingskalen_MenoldBogner_012015_1.0.pdf, abgerufen am 17.11.2020.

Bortz, J./Schuster, C. (2010), Statistik für Human- und Sozialwissenschaftler, 7. Aufl., Berlin, Heidelberg, NewYork.

Bourier, G. (2018), Beschreibende Statistik, 13. Aufl., Wiesbaden.

Brandt, H./Moosbrugger, H. (2020), Antwortformate und Itemtypen. In: Moosbrugger, H./Kelava, A. (Hrsg.), Testtheorie und Fragebogenkonstruktion, 3. Aufl., Berlin, S. 91–118.

Budischewski, K. (2016), Studienbrief Statistik Titel-Nr. 0699-04, 4. Aufl., Riedlingen.

Bundesverwaltungsamt (2020), Ermittlung des Stichprobenumfangs, https://www.orghandbuch.de/OHB/DE/Organisationshandbuch/5_Personalbedarfsermittlung/51_Grundlagen/514_Stichprobe/5144%20Ermittlung%20des%20Stichprobenumfang/stichprobenumfang-node.html, abgerufen am 04.12.2020.

Cor, K./Ruth, A. (2002), Empirie in Linguistik und Sprachlehrforschung, Tübingen.

Döring, N./Bortz, J. (2016), Forschungsmethoden und Evaluation in den Sozial- und Humanwissenschaften, 5. Aufl., Berlin, Heidelberg.

Echterhoff, G./Hussy, W./Schreier, M. (2013), Forschungsmethoden in Psychologie und Sozialwissenschaften für Bachelor, 2. Aufl., Berlin, Heidelberg.

Eckstein, P. (2019), Statistik für Wirtschaftswissenschaftler, 6. Aufl., Wiesbaden.

Franzen, A. (2014), Antwortskalen in standardisierten Befragungen. In: Baur, N./ Blasius, J. (Hrsg.), Handbuch Methoden der empirischen Sozialforschung. Wiesbaden.

GDA (2013), Botschaften und Fakten zum Zwischenbericht der GDA-Dachevaluation, https://www.gda-portal.de/DE/Downloads/pdf/GDA-Dachevaluation_Zwischen-bericht_Botschaften-Fakten.pdf?__blob=publicationFile&v=3, abgerufen am 20.12.2020.

Goldenstein, J./Hunoldt, M./Walgenbach, P. (2018), Wissenschaftliche(s) Arbeiten in den Wirtschaftswissenschaften, Wiesbaden.

Hümmer, C. (2015), Die Reputation interner Dienstleister in Konzernen, Wiesbaden.

Jacob, N.-C./Renner, K. H. (2020), Das Interview, Berlin.

Janssen, J./Laatz, W. (2016), Statistische Datenanalyse mit SPSS, Lösung 4b, https://www.wiso.uni-hamburg.de/fachbereich-sozoek/ueber-den-fachbe-reich/personen/laatz-wilfried/spss-buch/loesungen/loesg-4b.pdf, abgerufen am 02.12.2020.

Kuckartz, U./Rädiker, S./Ebert, T./Schehl, J. (2013), Statistik, Wiesbaden.

Kuhlmei, E. (2018), Lerne mit uns Statistik, Berlin.

Pospeschill, M./Siegel, R. (2018), Methoden für die klinische Forschung und diagnosti-sche Praxis, Berlin, Heidelberg.

Reinhardt, R. (2015), Studienbrief Fragebogentechnik Titel-Nr. 1001-02, 2. Aufl., Ried-lingen.

Renner, K. H./Jacob, N.-C. (2020), Das Interview, Berlin.

Schäfer, T. (2016), Methodenlehre und Statistik, Wiesbaden.

Schöneck, N./Voß, W. (2013), Das Forschungsprojekt, 2. Aufl., Wiesbaden.

Schwaiger, M. (2004), Components and Parameters of Corporate Reputation – an Empirical Study. In: Schmalenbach Business Review, Jg. unbekannt, Nr. 56, S. 46–71.

UZH (2018), Pearson Chi-Quadrat-Test, https://www.methodenberatung.uzh.ch/de/datenanalyse_spss/unterschiede/proportionen/pearsonuntersch.html, abgerufen am 2.12.2020.

von der Assen, C. (2016), Crash-Kurs Psychologie, Berlin, Heidelberg.

Wolf, A. (2019), Unternehmensreputation und Reputationsrisiken im Bankgeschäft, Wiesbaden.

Wübbenhorst, K. (2018), Skalenniveau,
https://wirtschaftslexikon.gabler.de/definition/skalenniveau-46555/version-269833, abgerufen am 24.11.2020.